Ganz schön mutig
kleine Line

Geschichten von Isabel Abedi
Mit Bildern von Christine Kleicke

arsEdition

Inhaltsverzeichnis

Noch ein Glupschi

„Och bitte!" Franzi zeigt auf den Glupschi, der im Supermarktregal neben der Kasse sitzt.
Mama schüttelt den Kopf. „Für heute habe ich genug gekauft."

Franzi ist wütend. Und später im Kindergarten wird sie noch viel wütender. Denn Kerim hat einen funkelnagelneuen Glupschi!
„Darf ich mal?" Franzi streckt ihre Hand aus, aber Kerim zieht seine weg. Franzi wird vor Ärger ganz heiß, und als Kerim später fragt, ob sie mit Fangen spielt, schüttelt Franzi böse den Kopf.
„Dann halt nicht", sagt Kerim und läuft zu den anderen.
Da geschieht es: Der Glupschi rutscht aus Kerims Tasche und landet vor Franzis Füßen. Kerim hat nichts bemerkt. Schnell steckt Franzi den Glupschi ein. Da ist Kerim ja nun selbst schuld, wenn er nicht aufpasst. Deshalb sagt Franzi auch nichts, als Kerim später weinend den Spielplatz absucht.
Aber zu Hause wird ihr komisch im Bauch. Sie denkt an Kerims trauriges Gesicht. Am liebsten würde sie ihm den Glupschi zurückgeben. Doch dann wüsste er ja, dass sie ihn eingesteckt hat. Plötzlich findet Franzi den Glupschi richtig hässlich. „Ich will dich nicht mehr sehen!", schreit sie und versteckt den Glupschi in ihrem Schrank. Doch nachts klopft der Glupschi an die Tür und ruft und ruft. So laut, dass Franzi wach wird.
Am nächsten Morgen ist sie die Erste im Kindergarten. In ihrer Tasche sitzt der Glupschi. Und in ihrem Hals sitzt ein dicker Kloß. Als Kerim kommt, streckt Franzi ihre Hand mit dem Glupschi aus.
„Da", sagt sie leise. Erst ist Kerim still. Dann lacht er und holt etwas aus seiner Tasche. Noch ein Glupschi!
„Hat Mama mir gekauft", sagt Kerim. „Weil ich so traurig war. Wollen wir tauschen?" Franzi nickt. Der Kloß in ihrem Hals ist weg. Und den Glupschi: den findet sie jetzt wieder richtig toll.

Die Monsterfalle

Seit Papa die Geschichte aus dem neuen Monster-
buch vorgelesen hat, wohnt unter Nicks Bett ein
Monster. Es ist klein, aber gemein. Denn es meldet
sich immer erst abends, wenn Papa aus Nicks
Zimmer gegangen ist. „Höhö!", macht das Monster dann.
Und wenn Nick nach Papa ruft ... löst sich das Monster jedes
Mal in Luft auf. Papa ist sogar schon unter Nicks Bett gekrochen.
„Da ist nichts, du Angsthase", sagt er und geht wieder raus.
„Höhö!", macht das Monster.
„Sei endlich still!", ruft Nick und verkriecht sich unter seiner
Bettdecke.
„Höhö!", macht das Monster, als Nick den Kopf wieder unter
der Decke hervorsteckt. Nick knipst das Licht an. Monster mögen
kein Licht. Aber einschlafen kann Nick mit Licht auch nicht.
Ob er noch mal nach Papa rufen soll? Doch da kommt Nick eine
bessere Idee.
Er springt aus dem Bett und holt das Monsterbuch. Darin sucht er
die Geschichte, die ihm Papa vorgelesen hat. In der feiern sieben
fiese Monster eine Mitternachtsparty. Sie fressen grausliche
Glitschgurken, schlürfen sauren Sabbersaft und machen monster-
mäßigen Krach.
Nick legt das Buch mit der geöffneten Seite vor sein Bett, knipst
das Licht aus und wartet. Nach einer Weile hört er unter seinem
Bett ein Geräusch. Tapps-tapps macht es. Und noch einmal
tapps-tapps. Dann raschelt es, wie Papier. Und dann hört Nick
ein freudiges: „Höhööö!"
Jetzt ist er sich ganz sicher: das Monster ist ins Buch geklettert.
Er greift danach – und klappt es zu!
Dann stellt er das Buch ins Bücherregal und legt sich zurück
ins Bett. Ein Weilchen lauscht er noch in die Dunkelheit hinein.
Alles ist still. Nick dreht sich auf die Seite ... und schläft ein.

Gib nicht auf, kleiner Kletteraffe

Monty kann kreischen und Faxen machen und sich kleine Bananen quer in den Mund stecken. Nur eins kann Monty nicht: Klettern.

Immer wenn er versucht, an der Palme hoch zu steigen, rutscht er ab und das Lachen der anderen nimmt ihm allen Mut. Auch heute macht sich die Affenbande über ihn lustig. „Monty, der Kleine, hat vier linke Beine!", kreischen sie von den Palmen herunter und bewerfen ihn mit Kokosnüssen.

„Ich werds denen zeigen", schimpft Monty und macht vor Wut ein richtiges Affentheater.

Als er am nächsten Morgen aufwacht, schlafen die anderen noch. Monty springt aus dem Bett und läuft gleich zur Palme. Er hat Durst auf Kokosmilch. Aber heute ist keine Kokosnuss vom Baum gefallen. Monty rüttelt an der Palme. Nichts. Seufzend legt er seine Ärmchen um den Stamm und schaut nach oben. Ob er es noch mal versuchen soll? Zögernd zieht sich Monty mit den Vorderpfoten hoch und schiebt mit den Hinterpfoten nach. Schon rutscht er wieder ab. Aber weil niemand da ist, der ihn auslacht, versucht Monty es noch mal. Er klammert sich fest und zieht und schiebt und ächzt und stöhnt. Ein Stück hat er geschafft. Und dann noch ein Stück.

Monty schielt nach unten. Jetzt ist er bestimmt schon einen halben Meter hoch – und je weiter er kommt, desto leichter fällt es ihm. Ja, plötzlich macht das Klettern sogar affenartig Spaß! Bald hat Monty den Gipfel der Palme erreicht. Er ist so stolz, dass es in seiner Brust zu kribbeln anfängt.

„JUCH-HUUU!", jubelt er und weckt die ganze Affenbande auf. Staunend stehen sie unter der Palme und blicken zu dem kleinen Kletteraffen hoch.

„Nehmt euch bloß in Acht", kreischt Monty. Und dann wirft er mit Kokosnüssen, dass es nur so kracht.

Floras großer Bruder

Mirko ist einen Kopf größer, zwei Jahre älter und bestimmt dreimal stärker als Flora. Und er ärgert seine Schwester, wo er nur kann. Letzte Woche hat er ihr einen Regenwurm in den Zahnputzbecher gelegt. Vorgestern hat er Salz über ihre Erdbeeren gestreut. Und heute steht auf Floras Maltisch eine Bonbondose. Als Flora sie öffnet, liegen Hasenköttel drin!

„Igitt!", kreischt Flora. Sie rennt mit der Dose in den Hof und sucht nach Mirko. Aber da sind nur zwei große Jungs, die einen kleineren ärgern. Der eine ist blond, der andere rothaarig. Doch wer ist der Kleine? Flora grinst: Der kleine Junge ist ihr großer Bruder! Er wird von den beiden anderen hin und her geschubst und sieht ganz kläglich aus. Zwei große gegen einen kleinen ist eigentlich ziemlich feige, findet Flora. Und als der eine Junge Mirko zu Boden stößt, bekommt sie Angst. Niemand ist auf dem Hof, um zu helfen! „AUA", ruft Mirko – und da fängt es in Floras Körper an zu kribbeln.

„Lasst meinen Bruder los, ihr Feiglinge!", schreit sie laut.
Die Jungs drehen sich zu ihr um. „Ach ne", sagt der Rothaarige und stellt sich so dicht vor sie, dass Flora seinen Atem spüren kann. „Und was gibst du uns dafür?"
Plötzlich ist Floras Kehle wie zugeschnürt.
„Das da", sagt der Blonde und zeigt auf die Dose in Floras Hand. „Wir kriegen die Bonbons und du kriegst dein Brüderchen."
Jetzt muss Flora ein Lachen unterdrücken. „Okay", sagt sie und hält den Jungs die Dose hin. In Nullkommanichts sind die beiden verschwunden. Mirko setzt sich auf. Er sagt kein Wort, aber Flora kann seine Gedanken lesen.
„Lass uns abhauen, bevor die beiden merken, was wirklich in der Dose ist", grinst Flora und hilft ihrem großen Bruder auf die Beine.

Das Piratengeheimnis

Amelie feiert im Stadtpark einen Piratengeburtstag und ausgerechnet jetzt darf Paul nichts Süßes essen. Er hat eine Hautkrankheit, die Neurodermitis heißt, und die ist heute besonders stark. Seine Haut ist voller Kratzflecken. Da sind Süßigkeiten Gift, sagt Mama. Sie reicht Paul eine Dose. „Hier sind Vollkornkekse drin."

„Da lachen mich doch alle aus", schreit Paul, aber Mama packt die Dose trotzdem in seinen Rucksack.

Als Amelies Mama Schokoküsse an die Kinder verteilt, kämpft Paul mit den Tränen. Seine Mama hat Bescheid gesagt, dass er nichts Süßes essen darf und die Kinder haben es mitbekommen.

„Paul darf keine haben", schreit Luis, als es nach dem Sackhüpfen Gummischlangen gibt. Paul rennt zur Decke. Da sitzt Amelies Mama und guckt ganz unglücklich. „Ich habe die Kiste mit dem Schatz vergessen." Paul zuckt mit den Achseln. Das kann ihm ja wohl egal sein!

„Hat deine Mama dir nicht eine Dose mitgegeben?", fragt Amelies Mama plötzlich.

„Da sind nur blöde Vollkorndinger drin", murmelt Paul. Amelies Mama springt auf. „Die sind unsere Rettung! Komm, wir verstecken den Schatz."

Pauls Wunsch, dass niemand den Schatz findet, geht nicht in Erfüllung. „Ich hab ihn", ruft Luis. Alle Piraten kommen angerannt. Amelie reißt Luis die Dose aus der Hand. Als sie den Deckel öffnet, macht sich Paul ganz klein. Aber was ist das?

„Toll", ruft Amelie. „Cool", murmelt Luis. Paul schaut über Luis Schulter in die Dose. Dann strahlt er übers ganze Gesicht. Die Vollkornkekse sehen aus wie Piratenköpfe! Sogar schwarze Augenklappen haben sie.

„Wo hast du die denn her?", fragt Amelie ihre Mama. Die grinst und zwinkert Paul zu. „Das ist ein Piratengeheimnis."

Kumba, der Königssohn

Kumba ist mächtig stolz auf seinen Papa. Denn der ist König der Tiere. Er ist groß und stark und nichts und niemand macht ihm Angst. Wenn Kumba groß ist, wird er König sein. „Aber bis dahin hast du noch viel Zeit zum Spielen", sagt Mama.

„Mäuschen, sag mal pie-hip!", ruft Kumba, als er mit seinem Freund Leander im Steppenwald Verstecken spielt. Heute hat sich Leander wirklich gut versteckt. Kumba sucht und sucht. Leander ist nirgends zu sehen. Am besten, ich laufe zurück, denkt Kumba nach einer Weile. Aber, wo ist zurück? Kumba schaut in alle Richtungen. Und plötzlich merkt er, dass er sich verlaufen hat. Langsam wird es dunkel. Knacks macht es im Unterholz und kracks. Kumbas Mut schmilzt wie ein Eis in der Sonne. Muss er jetzt die Nacht allein im Wald verbringen?

„PAPA", brüllt Kumba und die Tränen kullern ihm die Wangen hinunter, „PAPAAA!" Kumba brüllt und brüllt, bis er heiser wird. Dann hört er wieder ein Knacksen. Dann Schritte. Und dann taucht ein großes Tier vor ihm auf.

Es ist Papa – und hinter ihm steht Leander. „Du bist an meinem Versteck vorbeigelaufen", sagt Leander, „und plötzlich warst du weg. Da hab ich deinen Papa geholt."

Kumbas Herz hüpft, aber dann schämt er sich plötzlich. Gebrüllt und geheult hat er, wie ein Baby. Was denkt Papa jetzt von ihm? Der strahlt über beide Ohren. „Dein Brüllen hat uns zu dir geführt", sagt er und leckt Kumbas Tränen weg. „Ich hatte solche Angst um dich!"

Kumba starrt seinen Vater an. „Du hattest Angst?"

Papa nickt. „Und wie!"

Kumba wird es ganz warm im Bauch.

„Dann ist es ja gut, dass ihr mich gefunden habt", sagt er und schmiegt sich an Papas Fell.

Angelas Heldentat

Der Duft aus der Küche steigt bis in Angelas Zimmer. Mama backt Kuchen. Aber plötzlich hört Angela einen Schrei. Sie rast zur Küche. Feuer? Einbrecher? Gespenster?

Mama steht vor der geschlossenen Küchentür. „Eine Spinne", flüstert sie. Angela starrt Mama an. „Deshalb schreist du so?" Mama nickt stumm. „Wie groß ist sie denn?", fragt Angela. Mama formt mit ihren Fingern einen riesigen Kreis. „So groß!" „Oh", macht Angela. Und in der Küche macht es DRIIIING. „Der Kuchen ist fertig", stellt Angela fest.

Mama schüttelt sich. „Ich geh da nicht rein."

Angela knabbert an ihrer Unterlippe. „Ich kann ja mal gucken gehen", murmelt sie.

„Tut mir Leid, dass ich mich so anstelle", sagt Mama. „Aber vor Spinnen hab ich furchtbare Angst."

Als Angela in der Küche ist, sieht sie die Spinne sofort. Ein bisschen übertrieben hat Mama schon. Aber eklig sieht dieses Viech wirklich aus, wie es pechschwarz auf dem Tisch hockt.

Angela schaut sich um. Die Gartentür ist auf und neben dem Herd liegt ein Notizblock. Angela reißt ein Blatt ab, nimmt sich ein Glas und geht auf die Spinne zu. Ihr Herz klopft. Nur der Gedanke, dass die Spinne vor ihr noch mehr Angst hat, macht Angela Mut. Vorsichtig schiebt sie das Papier an die Spinne heran.

„Ich bring dich nach draußen", flüstert Angela. Die Spinne krabbelt auf das Papier und Angela stülpt schnell das Glas über sie. Im Garten legt Angela das Glas auf die Wiese. Dann schließt sie die Gartentür. „Alles klar, Mama!", ruft sie laut.

„Ist sie tot?" Mama lugt zur Küche rein. „Sie ist im Garten", sagt Angela. Mama atmet aus. „Mensch, das hätte ich mich nie getraut." Angela fühlt sich wie eine Heldin. Und das wird gefeiert: mit Mamas Schokoladenkuchen!

Der Unfall

Leons Papa arbeitet zu Hause. Er schreibt Geschichten – und wenn er schnell einkaufen geht, bleibt Leon kurz allein. Heute fährt er mit seinem auf Rennauto auf Papas Schreibtisch spazieren. Linkskurve, Rechtskurve, über den Bleistift und … huups! Das Auto rast gegen eine Tasse. Die fällt um und hinterlässt einen großen Kaffee-See. Au weia! Der Kaffee-See hat bestimmt Papas Idee für seine neue Geschichte überschwemmt. Schnell stellt Leon die Tasse wieder hin und holt ein Tuch. Aber beim Wischen verwandelt sich Papas Handschrift in ein braunblaues Geschmiere – und da hört Leon auch schon den Schlüssel in der Tür. Leon rast in sein Zimmer und versteckt das Blatt unter dem Kopfkissen.

Kurz darauf steht Papa vor ihm. „Warst du an meinem Schreibtisch?" Leon schüttelt den Kopf. Als er später ins Arbeitszimmer guckt, wühlt Papa im Papierkorb. Den Rest des Tages geht Leon Papa aus dem Weg, aber abends purzeln ihm plötzlich die Tränen aus den Augen.

„Ich hatte einen Unfall", bricht es aus Leon heraus.

„Einen Unfall?!" Papa ist ganz aufgeregt. „Wie … wo denn?"

Leons Herz hämmert. „Einen … Autounfall", stammelt er, „auf deinem … Schreibtisch."

Papa zieht die Augenbrauen hoch. „Du warst also doch dran!"

Leon senkt den Blick. „Ich hab da Auto gespielt, aber deine Tasse stand im Weg. Und dann …"

Leon zieht das zerknitterte Blatt unter dem Kissen hervor und hält es Papa hin. „Ist deine Geschichte jetzt kaputt?", fragt er leise.

Papa schüttelt den Kopf. „Die war zum Glück noch hier drin", sagt er und tippt sich an die Stirn. „Aber das nächste Mal such dir bitte eine andere Rennstrecke."

Leon nickt. Und Papa nimmt ihn in den Arm.

Die Mutprobe

Manu Maus wohnt seit heute auf dem Bauernhof. „Pass gut auf", warnt Mama, als sich Manu ein bisschen umschauen will.

Aus der Scheune kommt ihr eine Gruppe Mäuse entgegen. „Hallo", ruft Manu, „Ich bin Manu Maus." Der größte der Mäuse stemmt die Pfoten in die Seite. „Ich bin Fredo, der Furchtlose. Und das ist meine Bande."

„Darf ich bei euch mitmachen?"

Fredo grinst. „Nur wenn du die Mutprobe bestehst", sagt er und zeigt auf den schwarzen Kater, der auf der Wiese schläft. „Du musst Zorro auf dem Kopf tanzen."

Manu Maus starrt Fredo an. „Du spinnst wohl!"

„Wenn du zu feige bist", erwidert Fredo abfällig, „hast du bei uns nichts verloren." Die anderen Mäuse blicken zu Boden.

„In so einer Bande will ich sowieso nicht mitmachen!" Manu stehen vor Wut die Tränen in den Augen. Deshalb merkt sie auch nicht, dass Zorro auf der Wiese die Augen aufschlägt. Dann geht alles ganz schnell. Der Kater kommt angerast und die Mäuse fliehen in alle Richtungen. Nur Manu Maus steht starr vor Schreck. Sie sieht, wie Zorro hinter Fredo herjagt ... und ihn schnappt!

„Hilfe", piepst Fredo verzweifelt. Da kommt wieder Leben in Manu Maus. Sie flitzt auf Zorro zu und streckt ihm die Zunge raus. „Bäääh!" Die Augen des Katers funkeln. Fauchend lässt er Fredo fallen und setzt zum Sprung auf Manu Maus an. Die rennt, so schnell sie kann. Links und rechts und schwuppdiwupp hinter eine dicke Wassertonne. Geschafft!

Als Manu Maus aus ihrem Versteck kommt, steht Fredo vor ihr, gefolgt von der Mäusebande. „Wir wollten dich fragen", murmelt Fredo, „ob du unsere Bandenanführerin sein willst."

„Okay", grinst Manu Maus, „aber deine Mutproben sind jetzt erst mal abgeschafft."

Ein kleines Schwein namens Lilli

„Jetzt noch das Geschenk für Oma", sagt Mama und steuert mit Sonia auf die Parfümabteilung zu. „Das kann dauern", flüstert Sonia Lilli zu.

Lilli ist ihr Stoffschwein und war früher mal rosa. Inzwischen ist sie grau gekuschelt. Nur ihr Halstuch, auf das Mama „Lilli" draufgestickt hat, ist leuchtend rot.

„Ich guck mal bei den Haarspangen", sagt Sonia, während Mama an einer kugeligen Flasche schnuppert.

Sonia klemmt Lilli eine Spange ans Ohr. Dann legt sie Lilli im Regal ab und probiert Haarreifen. Schön bunt sind die. Im Ständer nebenan stehen Postkarten. Vielleicht ist da ja eine für Oma dabei.

„Sonia", ertönt Mamas Stimme. Endlich. Sonia greift sich eine Karte mit einem Glücksschwein und läuft zurück.

Als sie im Auto sitzen, kriegt Sonia einen Schreck. „Ich hab Lilli vergessen!" Mama eilt mit ihr zurück ins Kaufhaus. Aber im Regal mit den Haarspangen liegt Lilli nicht mehr.

„Lilli!", schreit Sonia. Sie fühlt eine riesige Angst in sich aufsteigen. Ist Lilli jetzt für immer weg? Mama drückt tröstend ihre Hand. „Nun verlier nicht gleich den Mut", sagt sie und schaut sich nach einer Verkäuferin um. Sonia schließt die Augen. Sie wünscht sich mit ganzer Kraft, dass alles gut wird.

Da ertönt eine Lautsprecherstimme: „Achtung, Achtung. Ein kleines Schwein namens Lilli will an der Information abgeholt werden."

Sonia starrt Mama an. Wie der Blitz rasen sie zur Information. Da sitzt Lilli! Neben dem Mikrofon. Die Spange klemmt noch an ihrem Ohr.

Sonia presst Lilli an ihre Brust. „Jetzt brauchst du keine Angst mehr zu haben", flüstert sie. Der Mann am Mikrofon zwinkert ihr zu. „Da hat Lilli ja richtig Schwein gehabt, was?"

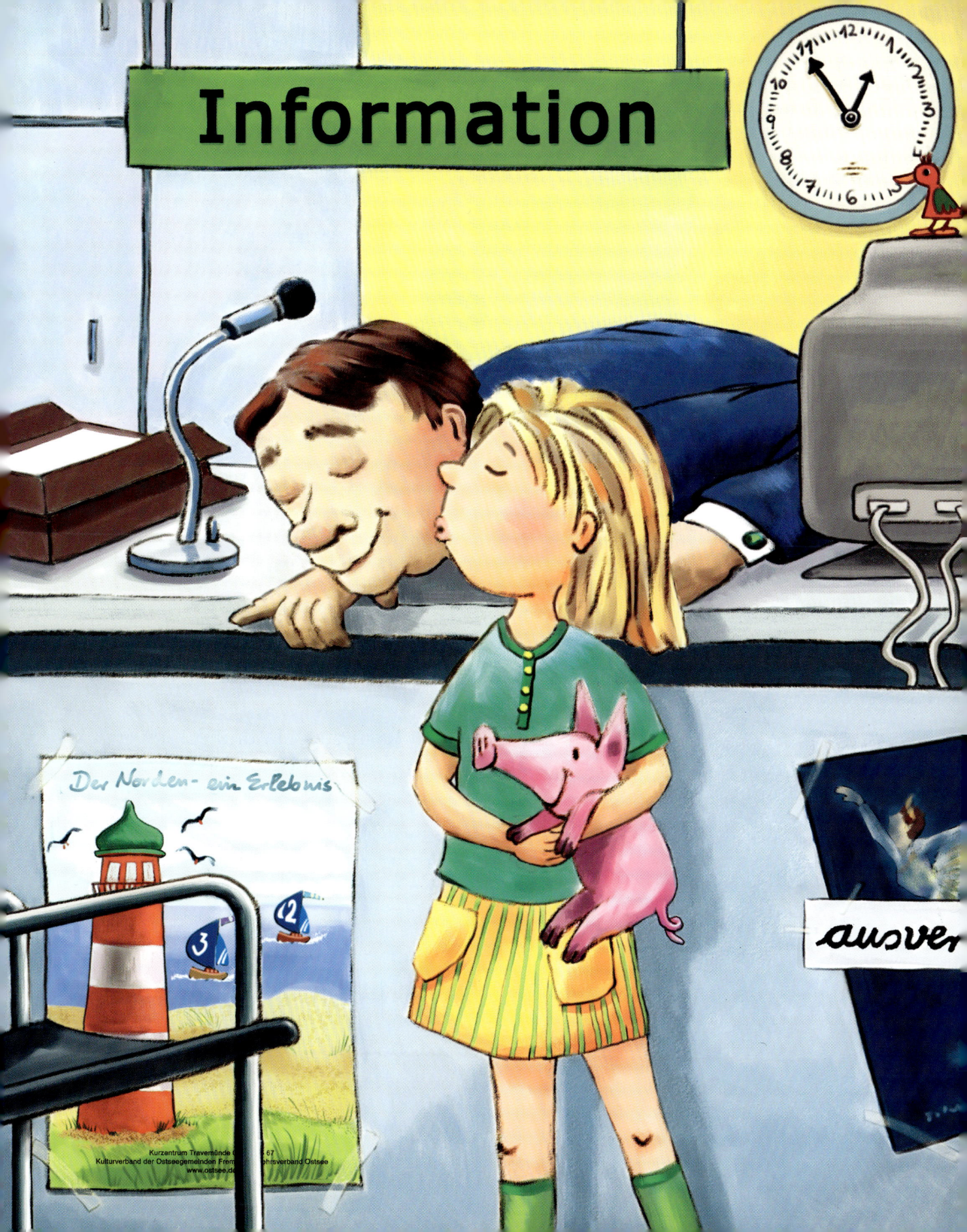

Der große Auftritt

Der Kindergarten ist geschmückt und die Eltern sitzen gespannt auf ihren Plätzen. Line ist als Elfe verkleidet und wird ein Gedicht aufsagen. Darauf freut sie sich schon die ganze Woche. Sie hebt ihre Flügel und tritt vor das Publikum. So viele Gesichter – und alle schauen zu ihr. Line wird plötzlich ganz heiß. Ihr Herz klopft und sie bringt keinen Ton heraus. Mit einem Ruck dreht sie sich um und läuft hinter die Bühne. Schluchzend wirft Line sich auf die Matratze.

Da streichelt ihr jemand über den Kopf. Es ist Dörthe, die Erzieherin. „Das ist Lampenfieber", sagt sie mit einer ganz lieben Stimme.

„Was ist das?", murmelt Line in die Matratze hinein.

„Das ist die Aufregung vor einem Auftritt", erklärt Dörthe. „Ich hatte das früher ganz oft."

„Echt?" Line hebt den Kopf. „Und was macht man dagegen?"

„Ich habe immer eine Person unter den Zuschauern angesehen, die ich besonders mochte", erinnert sich Dörthe.

„Und wenn die mich auslachen?", fragt Line leise. Dörthe schüttelt den Kopf. „Das tun die nicht." Line bohrt mit ihrem Finger eine Delle in die Matratze. Dann gibt sie sich einen Ruck. Moritz und Nesrin sind gerade mit Singen fertig. Line schiebt sich auf die Bühne. Es ist mucksmäuschenstill und ihr wird schon wieder ganz heiß. Schnell sucht sie nach Papas Gesicht. Sein Lächeln gibt ihr Kraft. Line holt Luft – und fängt an: „Eine Elfe kam geflogen und sang hipp hipp hurra. Und das ist nicht gelogen, weil ich sie selber sah."

Beim Sprechen fühlt Line, wie die Hitze aus ihrem Körper verschwindet. Und die Worte kommen wie von selbst aus ihrem Mund. Als sie fertig ist, klatschen alle und Line hebt stolz ihre Flügel. Ganz leicht fühlt sie sich. Fast so, als könne sie fliegen.

Ein toller Patient

Max sitzt mit Mama im Wartezimmer. Er hat Zahnschmerzen. Und Angst hat er auch. Als sein Name aufgerufen wird, will er weglaufen.

Doch da steht der Zahnarzt schon in der Tür.

„Ich bin Dr. Kaumann", sagt er freundlich.

„Das ist ja ein komischer Name", platzt Max heraus. Mama stößt ihn an, aber Dr. Kaumann lacht und bittet Max auf den Zahnarztstuhl. Max schielt auf den Hebel. „Damit kann ich die Höhe verstellen", erklärt Dr. Kaumann. Er macht mit Max eine Probefahrt. Hoch, runter. Hoch, runter. Max lacht.

Aber als Dr. Kaumann in seinen Mund schaut, kommt die Angst zurück. Und als Max erfährt, dass er ein Loch im Zahn hat, presst er beide Hände vor den Mund. Jetzt muss gebohrt werden!

„Ich betäube die Stelle mit einer Spritze", sagt Dr. Kaumann, „dann tuts nicht weh."

„Aber Spritzen tun weh!", ruft Max. Der Zahnarzt schüttelt den Kopf. „Meine Spritze merkst du gar nicht."

„Und wenn doch?", flüstert Max. Dr. Kaumann überlegt. „Dann darfst du mir den Finger abbeißen." Darüber muss Max wieder lachen. Er greift nach Mamas Hand, öffnet den Mund und kneift die Augen zu. Wann gehts denn los, denkt er verzweifelt.

„Fertig", sagt Dr. Kaumann. Max reißt die Augen auf. *„Das* wars?" Dr. Kaumann lächelt. „Darf ich meinen Finger behalten?" Max nickt. Dr. Kaumann zeigt ihm ein kleines Gerät. „Damit bohre ich, das brummt nur ein bisschen." Max glaubt ihm.

Jetzt geht alles ganz schnell. „Du warst ein toller Patient", sagt Dr. Kaumann und schenkt Max zum Abschied ein Vampirgebiss. Im Wartezimmer steht der nächste Patient auf: ein großer Mann mit ängstlichem Gesicht. „Keine Sorge", beruhigt ihn Max. „Wenn es weh tut, darfst du dem Zahnarzt den Finger abbeißen."

Der Vogelmann

Lukas spielt vor der Haustür. Mama ist oben und außer ihm ist niemand draußen. Nur der Vogelmann steht auf seinem Balkon. Er wohnt seit kurzem im Nachbarhaus und weil auf seinem Balkon ein Vogelkäfig hängt, nennt Lukas ihn den Vogelmann. „Wie heißt eigentlich dein Vogel?", fragt er, als ihm der Vogelmann zuwinkt. „Er heißt Klaus", sagt der Vogelmann. „Willst du hochkommen und ihn anschauen?" Lukas nickt.

Kurz darauf summt es an der Haustür. Doch Lukas zögert. Mama hat gesagt, er soll beim Haus bleiben und nie mit fremden Leuten gehen. Der Vogelmann wohnt zwar nebenan und Mama hat ihn schon gegrüßt, aber jetzt ist sich Lukas nicht mehr sicher. „Geht die Tür nicht?", ruft der Vogelmann vom Balkon runter. „Doch", antwortet Lukas.

„Dann komm doch", sagt der Vogelmann. Lukas wird rot. Er läuft nach Hause und ist froh, dass Mama aus der Tür kommt.

„Der Vogelmann wollte mir seinen Vogel zeigen", ruft Lukas.

Mama runzelt die Stirn. „Der Vogelmann?!"

„Der da wohnt", sagt Lukas und zeigt auf den Balkon, der jetzt leer ist. „Aber ich bin nicht hochgegangen." Mama geht mit Lukas an der Hand zum Nachbarhaus. „Hallo!", ruft sie laut. Als der Vogelmann nach draußen tritt, schämt sich Lukas.

„Haben Sie meinen Sohn eingeladen?" fragt Mama.

Der Vogelmann nickt. „Aber der Herr wollte nicht."

Mama drückt Lukas Hand. „Das ist auch richtig so", sagt sie und jetzt wird der Vogelmann rot. „Entschuldigen Sie", stottert er und schaut zu Lukas. „Du bist ein kluger Junge. Natürlich musst du vorher deine Mama fragen, du kennst mich ja gar nicht richtig." Da lächelt Mama und Lukas fühlt sich gut. „Darf ich?"

Mama nickt und der Vogelmann freut sich. „Ich heiße übrigens Fischer. Und Sie sind natürlich auch eingeladen."

Der Angsthase

Seit ihm sein Eltern vom Fuchs erzählt haben, wagt sich Hanno nicht mehr vor die Tür. „Angsthase", sagt Papa. „Hasenfuß", lacht seine Schwester Hanna. Aber Hanno bleibt im Bau, sogar als Papa mit ihm und Hanna zum Waldspielplatz will. „Dann gehen wir eben allein", sagt Papa und Hanno verzieht sich in sein Zimmer. Er will gerade eine Burg bauen, als er draußen ein Geräusch hört. Hanno spitzt die Löffel. Mama liegt auf dem Sofa und schnarcht. Zitternd lugt Hanno aus dem Bau. Vögel zwitschern. Blätter rauschen. Und dann ruft jemand: „Hilfe!"

Es klingt so verzweifelt, dass Hanno langsam, ganz langsam in die Richtung hoppelt, aus der das Rufen kommt. Nach einer Weile steht er vor einer Grube. Sie ist unter Blättern versteckt, und als Hanno über den Rand blickt, sieht er einen kleinen Fuchs. Hanno ist starr vor Schreck.

„Ich bin auf einen Nagel getreten", wimmert der Fuchs und heult so kläglich, dass Hanno Mitleid bekommt. Die Grube ist nicht tief, aber allein kann der Fuchs nicht raus. „Wenn du mir hilfst", sagt der Fuchs, „verspreche ich, dir niemals etwas zu tun."

Hanno zuckt mit der Nasenspitze. Kann er dem Fuchs glauben? Das weiß ich erst, wenn ich ihn befreie, denkt Hanno – und springt in die Grube. Er hält dem Fuchs eine Räuberleiter und hilft ihm so aus seinem Gefängnis. Als auch Hanno wieder aus der Grube gehüpft ist, stehen sich die beiden gegenüber. Fuchs und Hase. Auge in Auge.

„Ich danke dir", sagt der Fuchs. „Und ich werde mein Versprechen halten!" Mit diesen Worten humpelt er in den Wald. Und Hanno hoppelt zurück nach Hause. Vor dem Bau steht Mama. „Was machst du denn draußen?", staunt sie.

„Ich hab den Fuchs gerettet", sagt Hanno stolz. Und dann rast er im Hasengalopp zum Waldspielplatz.

Bibliografische Information Der Deutschen Bibliothek

Die Deutsche Bibliothek verzeichnet diese Publikation
in der Deutschen Nationalbibliografie;
detailierte bibliografische Daten sind im Internet
über http://dnb.ddb.de abrufbar.

1. Auflage 2003

Text: Isabell Abedi
Illustrationen: Christine Kleicke
Reihengestaltung: Ralph Bittner
Redaktion: Karin Amann
Herstellung: Detlev Neuss
ISBN 3-7607-1396-3

www.arsedition.de

NUR NOCH EINE GESCHICHTE!

Die Vorlesereihe in 3 Stufen:

Geschichten mit der Vorleseuhr ab 2 Jahren

• erste kurze Geschichten für die Kleinen
• große Bilder mit vielen liebevollen Details zum Entdecken
• eine Geschichte pro Doppelseite

Geschichten mit der Vorleseuhr ab 3 Jahren

• längere Geschichten für aufgeweckte Kindergartenkinder
• ein großes Schaubild zu jeder Geschichte
• eine Geschichte pro Doppelseite

Geschichten mit der Vorleseuhr ab 4 Jahren

• abenteuerliche Geschichten für Kinder, die sich schon
darauf freuen, bald selbst lesen zu lernen
• viele lustige, farbenfrohe Bilder
• mehrseitige Geschichten

**Dreh den Zeiger der Vorleseuhr zu dem Bildchen,
bei dem morgen weitergelesen werden soll!**